Ravensburg in alten Ansichten Band 2

von Beate Falk

Europäische Bibliothek

ZALTBOMMEL / NIEDERLANDE

DIE DAMALS REIHE

D ISBN 90 288 6556 x

Zweite Auflage, 1999: Neuauflage der ursprünglichen Ausgabe von 1998.

Einleitung

'Für die zukünftige Plangestaltung der Stadt Ravensburg ist zunächst der allgemeine Gesichtspunkt maßgebend, daß die Altstadt mit ihren unregelmäßigen Straßenanlagen in geschlossener Bauweise innerhalb des Mauergürtels ... für alle Zukunft möglichst erhalten und danach gestrebt werden muß, den eigenartigen Charakter der Straßenbilder auch bei notwendig werdenden Neubauten innerhalb des Gebiets der alten Stadt möglichst zu wahren ... umsomehr wird der Reiz der Altstadt mit all ihren Zufälligkeiten und malerischen Unregelmäßigkeiten hervorgehoben.'

Diese, in einem Gutachten über die Stadt Ravensburg im Jahr 1902 geäußerten Grundsätze von Oberbaurat Robert Reinhardt, der als Professor an der königlich-technischen Hochschule in Stuttgart tätig war, muten uns nach heutiger Sicht sehr modern an. Nichts desto trotz haben die letzten hundert Jahre in Ravensburg einiges verändert. Am augenfälligsten wird das in der Unterstadt sichtbar. Die nur drei Fensterachsen breiten, einstockigen Rebleute- und Weberhäuschen sind fast ganz verschwunden. Sie wurden seit dem Ende des 19. Jahrhunderts in der Mehrzahl um ein Vielfaches aufgestockt und vermitteln heute ein Bild von Wohlhabenheit und Urbanität, die diesem größten Stadtviertel Ravensburgs nie zu eigen waren. Daß sich der eigentliche Reichtum in den stattlichen Gerber- und Färberhäusern an der Bachstraße widerspiegelte, fällt heute nicht mehr auf.

1925 wurden 56 Objekte in die Liste der Denkmale aufgenommen, darunter alle Kirchen, Türme, öffentlichen Gebäude und viele Häuser der ehemals patrizischen Oberstadt. In der Unterstadt fand nur das Vogthaus als einziges privat genutztes Gebäude Aufmerksamkeit.

Das sogenannte Schweizergutachten sah in den 1960er Jahren eine Erneuerung der Altstadt in der Weise vor, daß alles, bis auf markante Gebäude, abgerissen werden sollte. Soweit ist es nicht gekommen. Die Ravensburger Altstadt hat trotz einschneidender Veränderungen bis in die jüngste Zeit doch stellenweise ihr altes Flair erhalten können. Aufgabe dieses Buches soll es vor allem sein, die Häuser und Winkel zu dokumentieren, die es nicht mehr gibt und die uns daher nicht mehr geläufig sind. Von unschätzbarem Wert war für diesen Zweck die fotografische Sammlung des Ravensburger Buchdruckers Josef Zittrell (1877-1949), der es sich in den zwanziger bis vierziger Jahren zur Aufgabe gemacht hat, alle Straßen Ravensburgs von der Jahrhundertwende an im Bild zu dokumentieren. Aus den insgesamt 58 Mappen mit rund 8 400 Einzelobjekten stammt daher auch der Großteil der Bildauswahl.

1 Blick auf das Obertor um 1900 mit dem Torwärterhaus auf der linken Seite. Der Torwart zog hier das Weg-, Sperr- und Einlaßgeld sowie den Pflaster-, Waren- und Viehzoll ein. Am teuersten war die Einfuhr von Salz und Rorschacher Sandstein. Den geringsten Warenzoll bezahlte man für ein Faß Schnecken. Die Torglocke hing auf der St.-Michaels-Kapelle am Mehlsack und wurde 1826 nach Schlier verkauft. Das Gebäude auf der rechten Seite wurde erst 1842 von dem Hafner Willibald Kurz erbaut.

2 Im Jahr 1868/69 baute die Stadt das ehemalige Franziskanerinnenkloster zur Schule um. Es beherbergte in den nachfolgenden Jahren die evangelische Volksschule (bis 1882), das Lyzeum (seit 1880 Gymnasium), die Realschule (bis 1914) und die gewerbliche und kaufmännische Fortbildungsschule. Die Grünfläche links der Treppe diente einstmals den Nonnen als Klostergarten. Das sich anschließende Gebäude Marktstraße 32 war im 15. Jahrhundert der repräsentative Wohnsitz der reichen Handelsfamilie Mötteli von Rappenstein.

3 Die Blutreitergruppe St. Christina im Jahr 1914 in der oberen Marktstraße. Ganz rechts ist der seit 1550 bestehende Gasthof zum Mohren zu sehen. In diesem Gebäude befand sich bis zum Jahr 1530 der Sitz der Großen Ravensburger Handelsgesellschaft.

4 Das sogenannte Humpisquartier mit den Gebäuden Marktstraße 45, 47 und 49 war vom 14. bis zum 17. Jahrhundert Sitz der Patrizier- und Fernhändlerfamilien Humpis, Neidegg und Reichlin von Meldegg. Der wappengeschmückte Prunkerker ist hier im Jahr 1887 noch mit glasierten Ziegeln nach der flandrisch-burgundischen Mode des Spätmittelalters gedeckt. Die Restauration von Gottfried Rösch (heute Humpisstuben) hatte sich seit dem Jahr 1700 aus einem Weinschanklokal derselben Familie entwickelt.

5 Der Gasthof zu den Drei Königen ist eines der imposantesten Gebäude an der Marktstraße. Von 1430 bis zum Jahr 1709 befand es sich als Stadthaus im Besitz der Familie Humpis – Linie Waltrams. 1709 als Gasthof eröffnet, beherbergte das Anwesen im 18. Jahrhundert die Thurn- und Taxis'sche Posthalterei. 1957 mußte der Wirtsbetrieb eingestellt werden. Der 1822 von dem Wirt Maximilian Stark in Auftrag gegebene prächtige Ausleger trägt heute die Initialen des letzten Bierbrauers auf dem Gasthof, Augustin Gaumer.

6 Das erstmals 1366 als obere Metzig am Alten Markt erwähnte Schlachthaus (Marktstraße 37) war bis zum Dreißigjährigen Krieg in Betrieb und wurde Anfang der achtziger Jahre abgebrochen. Der charakteristische Durchgang verband die Roßbachstraße mit der Marktstraße. Hier boten die Metzger an den Fleischbänken ihre Waren an.

7 Vom Jahr 1910 bis zum Zweiten Weltkrieg waren die Sammlungen des 1887 gegründeten Kunst- und Altertumsvereins, des Naturkundevereins und die geologische Privatsammlung des Fabrikanten Friedrich Krauß im Alten Theater ausgestellt. 1938 gingen die historischen Kunstgegenstände in städtischen Besitz über. Sie sind seit 1955 im städtischen Museum Vogthaus zu sehen.

8 Im städtischen Salzhaus, links neben dem Rathaus, hatte die Stadt das Monopol auf den Salzverkauf, der jeden Samstag von 14-19 Uhr in der ehemals offenen Erdgeschoßhalle stattfand. 1929/30 wurde das Gebäude aufgestockt. Die Ausmalung der reich verzierten spätgotischen Stube im ersten Obergeschoß (OB-Zimmer) wurde im Jahr 1910 von den Kirchenmalern Schiller und Ostermaier ausgeführt.

9 Das Kaufmann Thommelsche Haus Marktstraße 1 war bis zum Jahr 1818 das Gesellschaftshaus der adligen Patriziergesellschaft 'zum Esel'. Im Jahr 1886 kam unter der abgelösten Tünche an der Fassade ein gemalter Esel mit einer Ritterfigur zutage. Von der ehemals reichen Innenausstattung haben sich lediglich auf Holz gemalte Wappentafeln der Mitglieder und das Bild einer 1764 auf der Gesellschaft verspeisten riesigen Seeforelle erhalten.

10 Der im Jahr 1904 erfolgte Abbruch der Metzig auf dem Gespinstmarkt wurde von den Anwohnern freudig begrüßt und mit Geldspenden unterstützt. Sie war im Jahr 1625 erbaut worden. Die Fleischverkaufshalle befand sich im 19. Jahrhundert jedoch im oberen Bogen des Alten Theaters.

11 Die Kirchstraße war um die Jahrhundertwende eine feine Einkaufsadresse. Bei Carl Veyhelmann wurden Glas, Porzellan und Lampen angeboten. Der im Hintergrund hochaufragende Frauentorturm wurde in den Jahren 1747-1751 zum Kriminalgefängnis ausgebaut und diente von 1837 bis zum Jahr 1892 als Oberamtsgefängnis.

12 Der allseits geachtete Schneidermeister Josef Oppold hatte sich um 1910 auf Herrengarderobe spezialisiert. Bis zum Dreißigjährigen Krieg befand sich in seinem Haus der Klosterhof der Zisterzienserinnen von Baindt. Danach diente das Gebäude als Handelshaus für die aus Como stammende Familie Belli. Der Apollo-Saal des 1801 eröffneten Gasthofs zur Traube war um die Jahrhundertwende Mittelpunkt zahlreicher Maskenbälle.

13 Ansicht der Liebfrauenkirche vor der Turmrenovierung im Jahr 1907. Der 1891 begonnene Umbau der Liebfrauenkirche hat hier mit den aufgesetzten Walmdächern über dem südlichen Seitenschiff und dem Anbau einer Beichtkapelle seinen Abschluß gefunden. Das aus dem Jahr 1600 stammende, außen am Turm frei hängende sogenannte Zeichenglöcklein läutete bis zu seiner kriegsbedingten Ablieferung im Jahr 1917 täglich den Schülern zum Gottesdienst.

14 Blick aus dem Chor in das Langhaus der Liebfrauenkirche um 1915. In den Jahren 1891-1910 war die gesamte Kirche von dem Stararchitekten der damaligen Kirchenbaukunst Joseph Cades im neugotischen Stil umgebaut worden. Der von dem Ravensburger Bildhauer Theodor Schnell entworfene Radleuchter und der Kreuzaltar sind heute nicht mehr erhalten. Die von den Kirchenmalern Schiller und Ostermaier gefaßte Holzdecke und die von Prof. Gebhard Fugel ausgeführte Ausmalung des Langhauses in Mosaikimitation wurden ebenfalls 1959/60 entfernt.

15 Blick von der Herrenstraße in die Kirchstraße um 1915. Mit der Anlegung der kleinen Grünanlage an der Liebfrauenkirche wurde im Jahr 1896 auch der schalenförmige Brunnen aufgestellt. Die Restauration zum König Karl (ganz rechts) verdankt ihren Namen dem seit 1864 regierenden König Karl von Württemberg. 1921 wurde das Lokal in Café Frauentor umbenannt. Die Weinwirtschaft zum Torstüble (links) wurde 1911 von dem Bäcker Franz Lins eröffnet.

16 Die Herrenstraße hieß vor 1800 Pfaffen- oder Priestergasse, weil sich dort rund ein Drittel des gesamten Gebäudebestandes im Besitz der Kirche befand. Links schließt sich an das im Jahr 1757 erbaute Pfarrhaus der Kirchengemeinde Liebfrauen das sogenannte Kapitelhaus an, das im 14. Jahrhundert von Pfarrer Berthold Griesinger als Versammlungsort für das Landkapitel gestiftet wurde. 1605 wurde das Haus vom Kloster Weingarten vergrößert und als Zufluchtsort für den Abt und seinen Konvent in Kriegs- und Pestzeiten hergerichtet.

17 Die Herrenstraße um 1870. Die beiden Gebäude am linken Bildrand spielten im 19. Jahrhundert eine wichtige Rolle in der Stadtgeschichte: in das oberste, ehemals von Furtenbachsche Haus Herrenstraße 42 zog 1835 das Oberamtsgericht ein. Das darunterliegende Gebäude Herrenstraße 40, das bis 1791 die Stadtkanzlei beherbergte, war von 1810 bis 1830 Sitz des königlich-württembergischen Oberamts Ravensburg. In dem stattlichen Anwesen Herrenstraße 29-35 (hinter dem Fuhrwerk) befand sich im Mittelalter ein Antoniterspital.

18 Das Gasthaus zur Wacht am Rhein wurde 1843 als Schankwirtschaft eröffnet und hieß ab 1950 zum Saalbau, da der Saal im ersten Stock mit zweihundert Plätzen einer der größten Ravensburgs war. Der Wirtschaftsbetrieb endete 1971.

19 Blick auf den Gänsbühl um 1920 mit dem 1876 erbauten und 1986 abgebrochenen Oberamtsgerichtsgefängnis. Der Schellenberger Turm stürzte 1773 teilweise ein. Er hat seinen Namen von einem in der Nähe liegenden 'Schelmenberg', an dem der Scharfrichter im Mittelalter verendetes Vieh verscharrte. Seine volkstümliche Bezeichnung 'Katzenlieselesturm' ist im Jahr 1867 erstmals belegt und bezieht sich auf die Strumpfwirkerstochter Elisabeth Röck, die aus verschmähter Liebe dort mit vielen Katzen hauste.

20 Im Süßen Loch schenkte der Rebmann Baptist Erb von 1850 bis 1880 seinen sauren Wein aus. In diesem Haus wurde am 13. Juli 1877 sein Enkel, der unvergeßliche Tenor Karl Erb, geboren. Seit 1891 gehörte das winzige, 1972 abgebrochene Häuschen zur Zorellmühle, die auf dem Areal eine Großmosterei betrieb. Das 'Süße Loch' diente vermutlich schon seit dem Mittelalter den Stadtbewohnern als Müllhalde. Von dem süßlich-verwesenden Geruch hat das Viertel dann seinen Namen erhalten.

21 Die Gänsmühle wird 1438 erstmals im Besitz der Patrizierfamilie Humpis erwähnt. Neben dem Getreidemahlwerk besaß sie seit dem Mittelalter zusätzlich einen Pfefferstampf, im 19. Jahrhundert kamen eine Hanfreibe und ein Stockfischpleuel hinzu. Nach der Familie Zorell, die den Betrieb von 1854 bis zu seiner Auflassung im Jahr 1971 innehatte, hieß die Mühle zuletzt Zorellmühle.

22 Die Handwerkerhäuschen Gänsbühl 5-9 gehörten zu einem Quartier mit insgesamt neun Gebäuden, das 1972-1977 vollständig abgebrochen wurde. An seiner Stelle erstreckt sich heute das Kaufhaus am Gänsbühl. Der Name Gänsbühl bedeutet 'gegenüberliegender Hügel'. Mit diesem Hügel ist die Erhebung am Schellenberger Turm gemeint, die sich genau gegenüber der hoch aufragenden Marktstraße befindet. Im Hintergrund ist das Kapellentürmchen des Josefshauses zu sehen.

23 Im Jahr 1877 eröffneten die Franziskanerinnen von Reute hier die erste Warmwasser-Badeanstalt Ravensburgs mit drei Wannenbädern, Lohtannin- und Lichtbädern. 1910 wurde das Gebäude abgebrochen und in den Neubau des Josefshauses integriert. Die Badeabteilung war bis zum Jahr 1972 in Betrieb. 1651-1802 befanden sich in diesem Gebäude die evangelische Knabenschule und das Archiv der evangelischen Kirche mit der alten Stadtbibliothek.

24 Im Jahr 1904 beantragten die Anwohner der Herrenstraße einen Straßendurchbruch in die Frauenstraße, wobei die direkt betroffenen Anrainer dagegen stimmten. Der Findling an der Wilhelmstraße wurde kurz vor dem Beginn der Bauarbeiten wohl als Protestaktion gesetzt. Im Vordergrund links ist Malermeister Julius Weiß (gestorben 1910) mit seiner Frau zu sehen. Er war Ehrenkommandant der Feuerwehr und zu diesem Zeitpunkt die letzte noch lebende Ravensburger Persönlichkeit, die im Freischärlercorps 1848/49 mitmarschiert war.

25 Der efeuumrankte Grüne Turm diente von 1592 bis 1943 als Gefängnis. Hier saßen auch zahlreiche ehrenhafte Ravensburger Bürger als Schuldner ein, wobei drei der ursprünglich fünf Zellen noch original erhalten sind. Etliche Ziegel des grün-gelb glasierten Dachs stammen noch aus seiner Erbauungszeit im Jahr 1418. Die der gelben und grünen Farbe zugesprochenen zauberabwehrenden Kräfte richteten sich gegen das im Jahr 1429 ausgelöschte Judenviertel in der heutigen Grünen-Turm-Straße und den angrenzenden Gassen.

26 In der alten Lateinschule (1351-1802) lernten die Schüler vor allem Kathechismen und die lateinische Sprache. Der Lateinlehrer Johann Susenbrot brachte hier im Jahr 1541 einen lateinischen Rhetorikband heraus, der vor allem in England weite Verbreitung fand. Mit seiner Hilfe lernte auch Shakespeare Latein. 1878 befand sich im Gebäude Kirchstraße 25 die katholische Mädchenschule. Der Name 'Musiksaal' rührt von dem Musikdirektor der höheren Lehranstalten her, der hier von 1901 bis 1919 Gesangsunterricht erteilte.

27 Der Gasthof zum Goldenen Lamm existierte schon im Jahr 1463. Der Wirt Hans von Rot wurde allerdings im Jahr 1528 geköpft, weil er seine Gäste bestohlen hatte. Hier stiegen Goethe, Carl Maria von Weber, Ludwig Uhland, Mörike und Spitzweg ab – denn das Lamm war im 19. Jahrhundert der gesellschaftliche Mittelpunkt Ravensburgs. 1919 wurde ein Lichtspieltheater mit versenkbarem Orchestergraben und 528 Sitzplätzen eingebaut. Der gesamte Gebäudekomplex wurde 1994-1996 einer anderen Nutzung zugeführt.

28 In den Jahren 1721-1769 vereinigten die Baudirektoren des Deutschen Ordens in Altshausen Johann Caspar Bagnato und sein Sohn Franz Anton Bagnato drei Handwerkerhäuser zu einem großen, repräsentativen Bau am Platz. 1886 eröffnete der jüdische Kaufmann Hermann Wallersteiner dort sein Konfektionsgeschäft, das er bis 1918 führte. Seine Nachfolger Samuel Stern und Gustav Adler betrieben im Kaufhaus Wohlwert/Staufia in den zwanziger Jahren sogar schon eine Cafeteria. Das Geschäft wurde als letzter jüdischer Betrieb 1938 geschlossen.

29 Blick auf den Marienplatz mit dem alten Lammbrunnen, der 1927 durch eine Schale aus Eisenbeton ersetzt wurde. Der Brunnen diente dem Lammwirt als Fischkalter für seine Karpfen und Forellen, die er auf der Speisekarte stets frisch anbot. Auch die Postpferde wurden am Lammbrunnen getränkt.

30 Das Ravensburger Narrenkomitee inszenierte um 1880 wieder einen großartigen theatralischen Umzug auf dem Marienplatz. Die Themen 'Sturm auf Malakoff' und 'Wilhelm Tell' zogen eine große Zahl von Zuschauern an, die sich zum Teil in Bajazzo- und Harlekinkostümen verkleidet hatten.

31 Bereits 1542 machte der Hecht am Marienplatz den größten Umsatz. 1592 übernachtete dort der Herzog Friedrich von Bayern mit seinem Gefolge. Der einst noble Gasthof mußte 1653 komplett abgebrochen werden, weil ihn einquartierte Soldaten bis auf die Grundmauern ruiniert hatten. Hinter den großen Giebelfenstern befand sich ein stattlicher Tanzsaal. Beim Abbruch im Jahr 1911 hatte das Haus 21 Fremdenzimmer zu bieten.

32 Am 4. August 1902 feierte Ravensburg sein 1000jähriges Bestehen mit einem historischen Festzug, in dem dreißig Gruppen die Geschichte der Stadt darstellten. Nachmittags um 15.45 Uhr trafen seine Majestät König Wilhelm II. von Württemberg und die Königin mit der Kutsche vom Bahnhof kommend am Königszelt auf dem Marienplatz ein. Im Hintergrund ist der Gasthof zum Hecht zu sehen.

33 Nach dem historischen Festzug fand auf der Kuppelnau ein Ritterturnier statt, das von den Unteroffizieren des Ulanenregiments König Karl Nr. 19 in Ulm ausgefochten wurde. Das Bild zeigt die Ritter in Rüstungen des 14. Jahrhunderts in der Eisenbahnstraße. Links ist das Hotel Kaiserhof vor dem Umbau im Jahr 1906 zu sehen.

34 Das Rathaus hatte vor dem großen Umbau im Jahr 1929/30 eine Uhr über dem Schwörerker, auch war die Befensterung des kleinen Ratsaals noch identisch mit der an der Giebelfront am Marienplatz. Im Erdgeschoß befand sich von 1680 bis 1817 das Bierschanklokal der Spitalbrauerei und in den sechs integrierten Ladenlokalen konnte man bis zum Jahr 1875 allerlei erwerben. 1888-1902 war im zweiten Obergeschoß sogar das erste Museum Ravensburgs untergebracht.

35 Der Marienplatz vor 1873. Die beiden, schon 1616 vorhandenen Eingänge am Rathaus wurden erst 1875/76 zusammengelegt. Das Tuch-, Damen- und Herrenkonfektionsgeschäft Senner und Roth war von 1561 bis 1830 der Familiensitz der im 16. und 17. Jahrhundert bedeutenden Kaufmanns- und Bankiersfamilie Senner. Das hoch über der Stadt thronende, 1752 von Johann Caspar Bagnato erbaute Veitsburgschlößchen hat noch keinen Aussichtsturm.

36 Auf dem südlichen Marienplatz, der damals noch Viehmarkt hieß, zieht eine Fronleichnamsprozession vorbei. Das Foto entstand um 1880. Der Gasthof zum Grünen Baum trug im 17. Jahrhundert die Bezeichnung zum Weißen Rössle, danach wurde er Hirsch und Mohrenkopf genannt. 1922 wurde der Grüne Baum in Ratsstube umbenannt.

37 Im Jahre 1942 kam der Kraftpostverkehr durch die Kriegsereignisse infolge Treibstoffmangels mehrfach zum Erliegen. Deshalb mußte der Paketzustelldienst wieder auf die gute alte Postkutsche umgestellt werden. Im Hintergrund ist das Kornhaus zu sehen.

38 Beim Fasching 1914 feierte die MILKA die hypothetische Eröffnung der Rhein-Bodensee-Schussen-Donau-Kanal-Dampfschiffahrt. Das von einem Viergespann gezogene Schiff bewegt sich vor der stilvollen Fassade des Gasthofs zum Waldhorn am Viehmarkt in Richtung Rathaus.

39 Erwartungsvoll sitzt die Hochzeitsgesellschaft im Jahr 1912 im Waldhorn an der großen, festlich gedeckten Tafel. Am Tischende steht das Brautpaar.

40 Auf dem Schweinemarkt vor dem Kornhaus wurden um 1915 jeden Samstag zweihundert bis dreihundert Schweine zum Verkauf angeboten. Um nicht im Schlamm zu versinken, wurde dieser Teil des Platzes bereits im Jahr 1888 mit Fußgängerfurten gepflastert.

41 Blick auf den südlichen Marienplatz mit der evangelischen Stadtkirche. Ihr im klassizistisch-neugotischen Stil gehaltener Turm wurde 1842-1844 aus den Steinen des abgebrochenen Kästlins- oder Seetors erbaut. Dabei wurde bedauerlicherweise die Familienkapelle der Humpis zerstört. Der 1842 von Hutmacher Fidel Schlachter für die Arbeiter am Turm eröffnete Bierschank führte zur Gründung der Wirtschaft zum Kästlinstor, links an der Stadtmauer, die seit 1950 als Café Baur bekannt war.

42 Das ehemalige Franziskanerinnenkloster, fotografiert um 1868 vom südlichen Marienplatz. Nach der Beseitigung der Ruinen der St.-Michaels-Kapelle, die sich zwischen Kloster und Mehlsack erhoben, und dem Abbruch der Stadtmauer im Jahr 1861 blieb an dem langgestreckten, ehemaligen Klostergebäude noch für kurze Zeit ein Flügel stehen, der ursprünglich ein Krankenzimmer barg, das den kranken Klosterfrauen den Blick auf den Nonnenchor der St.-Michaels-Kapelle erlaubte und als Verbindungsgang zur Kapelle diente.

43 Der Gasthof zum Bären in der Bachstraße erwuchs aus der Spitalbrauerei, die dort von 1680 bis 1817 Bier braute. Zuvor diente das Gebäude als Zunfthaus der Weber. Die Lanzei wurde 1826 von dem Stadtrat und Rotgerber Fidel Lanz als Weinschanklokal eröffnet und war seit 1866 bereits ein beliebtes Speiselokal. Von 1907 bis 1949 war die Lanzei unter dem Namen Café Fricker bekannt.

44 Blick in die obere Bachstraße vor der Verdolung des Stadtbachs im Jahr 1899. Rechts auf dem Haus von Friedrich Wendler (Bachstraße 23) ist ein typisches Gerberdach zum Trocknen der gegerbten Häute zu erkennen. Im Jahr 1899 war Josef Wacker der letzte Gerber, der 'am Gerberbach' tätig war. 1789 hatte es dort noch vierzehn Rot- und Weißgerberbetriebe gegeben.

45 Am 13. Juli 1902 fand in Ravensburg das dritte Oberschwäbische Radfahrer-Verbandsfest statt, an dem auch der 1886 gegründete Radfahrverein Ravensburg teilnahm. Der Preiscorso fuhr vom Marienplatz kommend über die Bachstraße, vorbei am Gasthof zum Stern, der im Jahr 1822 als Weinschanklokal eröffnet worden war und seit 1852 als Kaffeehaus die Gäste bewirtete. 1912 richtete der Wirt Johann Lang im Hintergebäude Adlerstraße 5 den Eden-Kinematographen ein, der damit das zweitälteste Kino Ravensburgs wurde. Im Jahr 1919 stellte der Stern seinen Betrieb ein.

46 Im Jahre 1897 eröffnete Theodor Krumm im Gebäude Bachstraße 28 sein berühmtes Café. Das elegant eingerichtete erste Wiener Caféhaus in Ravensburg war mit zwei Billards, einer Kaffeebrennerei und einer eigenen Konditorei ausgestattet. 1904 wurde Krumm zum Hoflieferanten der württembergischen Königsfamilie ernannt. 1928 übernahm der Konditor Richard Rehfuß das Café.

47 Pferdemarkt in der Bachstraße um 1910. Der nicht unbedeutende Markt wurde erstmals im Jahr 1840 abgehalten und fand zweimal im Jahr statt. Es wurden im Durchschnitt zweihundert Pferde aufgetrieben. Mit der Motorisierung der Landwirtschaft verlor der Pferdemarkt in Ravensburg seine Bedeutung.

48 Die Krone war bereits im Jahr 1542 das bedeutendste Tafernwirtshaus in der Unterstadt. Seit 1842 waren die Wirte auch stets Metzger. 1967 wurde die Krone geschlossen. Vor ihr trafen sich alljährlich im März die Hütekinder aus Vorarlberg, Tirol und der Schweiz, um sich für einen Sommer an einen oberschwäbischen Bauern zu verdingen.

49 An Markttagen reichten die Gaststallungen der Gasthäuser kaum aus, um die zahlreichen Fuhrwerke der Bauern unterzubringen. Der Löwen hatte neben ausreichenden Unterstellmöglichkeiten um 1880-1890 mit zweitausend Gästen pro Jahr die dritthöchste Übernachtungszahl in Ravensburg. Er war im Jahr 1618 als Tafernwirtshaus mit fünf Bettstatten und zwölf Pferdeeinstellplätzen eröffnet worden. 1954 wurde er geschlossen. Links vom Untertor ist das Gasthaus zur Sonne an der Olgastraße zu sehen.

50 Fronleichnam in der unteren Bachstraße mit dem geschmückten Spital. Im Hintergrund ist die ebenfalls festlich herausgeputzte Spital- oder Rundelmühle zu erkennen. Das ehemalige Wohnhaus des Spitalverwalters links vom Spital wurde zusammen mit zwei weiteren Nachbargebäuden in den achtziger Jahren abgebrochen.

51 Jehles zoologisches Karussell auf dem Jahrmarkt im Jahr 1910 in der Bachstraße. Wagnermeister Heinrich Jehle (im Bild), der in der Klostergasse wohnte, hatte dieses Karussell zusammen mit seinem Sohn und Schwiegersohn erbaut und besuchte damit die Märkte der umliegenden Ortschaften. Die holzgeschnitzten Giraffen, Löwen, Kamele, Pferde und Schweine begeisterten nicht nur die Kinder. 1920 wurde das Fahrgeschäft nach Berlin verkauft.

52 Im 'Alten Lädele' war von 1864 bis zum Jahr 1913 die Küferei Reischmann untergebracht. Seinen Namen hat das Haus von dem urtümlichen Haushaltswarengeschäft der Familie Bertsch, das sich von 1958 bis 1973 darin befand. Der Waldmeister Niclas Walser gilt als Erbauer des heimeligen Fachwerkhauses. Er hat dafür um 1653 drei kleine Unterstadthäuschen abbrechen lassen. Die Seelbruckstraße hieß in alter Zeit das 'wüste' oder 'beschissene Gässelin'.

53 Diese ländliche Idylle befand sich bis zum Jahr 1909 inmitten der Ravensburger Altstadt. Das Gebäude Adlerstraße 17 wurde von 1831 bis zu seinem Abbruch im Jahr 1909 von der Rebmannsfamilie Erb bewohnt. Noch 1789 stellten die Rebleute in Ravensburg mit Abstand die größte Berufsgruppe.

54 Das gedeckte Brücklein in der Goldgasse verband 267 Jahre lang die Wirtschaft zur Krone mit dem Nebengebäude in der Goldgasse 8, bis es 1989 abgebrochen wurde. Das Brücklein hatte der Kronenwirt Peter Albrecht im Jahr 1722 anläßlich seiner Hochzeit erbauen lassen, da es den Speisesaal der Wirtschaft mit der Tanzlaube an der Goldgasse verband. Weil im Goldgäßchen einige Wirte Gaststallungen unterhielten, erhielt das Sträßchen im 18. Jahrhundert ob der vielen Roßäpfel den scherzhaften Namen Goldgasse.

55 In der Kohlgasse hatten die Schmiede ihre Holzkohlenschuppen, nach denen die Straße ihren Namen erhielt. 1890 baten die Anwohner um die Abtragung der Stadtmauer, was zum Glück nicht geschah. Dafür erhielten sie einen Mauerdurchbruch in den Hirschgraben. Im Hintergrund ist der Spital- oder Sauturm zu sehen. Er erhielt seinen Namen von den Schweineställen des Spitals zu seinen Füßen.

56 In der Unteren-Breiten-Straße wohnten einst Leinenweber, Tagwerker und Rebleute. Die kleinen Häuschen dieser armen Bevölkerungsschicht wurden jedoch im Laufe des 19. und 20. Jahrhunderts großteils aufgestockt und verloren dadurch ihren ursprünglichen Charakter.

57 Allseits bekannt war der Gasthof zum Wilden Mann unter dem Wirt und Gemeinderat Julius Fritz sen., der als Wirtschaftsführer im Konzerthaus von 1910 bis 1920 großartige Festessen, Faschingsbälle und Vereinsfeiern organisierte. Der Wilde Mann in der Eisenbahnstraße 22 entstand im Jahr 1838 aus einem Gassenschank des Rebmanns Josef Erb. 1867 erhielt das Lokal die Speisewirtschaftsgerechtigkeit.

58 Die untere Adlerstraße um 1915. Die linke Häuserzeile wurde 1968 abgebrochen, um dem Kaufhaus Oberpaur Platz zu machen. Hier wohnte vor dem 16. Jahrhundert der Scharfrichter, weshalb dieser Straßenteil 'Alte Nachrichtergasse' genannt wurde. Seine Nachbarn waren in der Mehrzahl Leinenweber.

59 Das Hotel Württemberger Hof an der Eisenbahnstraße 53 wurde 1879 als Bahnhofsrestauration von dem Sattler Julius Hopfenziz eröffnet. 1890 erhielt die ehemalige Schankwirtschaft unter dem Namen Neue Post zehn Fremdenzimmer und einen schönen Biergarten. Josef Heine übernahm im Jahr 1900 das Hotel, das 1980 seinen Betrieb einstellte.

60 Im Jahre 1908 beauftragte der Buchdrucker Josef Zittrell (1877-1949) den Stuttgarter Kunst- und Kirchenmaler Gottfried Schiller, die Fassade seines Hauses in der Unteren-Breiten-Straße 19 mit Themen der Buchdruckerkunst in Sgraffitotechnik zu verschönern. Das liebenswerte Gebäude wurde 1990 abgebrochen.

61 Ein schneereicher Winter in der Unteren-Breiten-Straße um 1925. Im Hintergrund ist das Bruderhaus zu sehen.

62 Die Charlottenstraße in den zwanziger Jahren. Sie wurde im Jahr 1886 von Lottergasse (Loderer = Weber) in Charlottenstraße nach Königin Charlotte von Württemberg umbenannt. Damals holte man das Bier zum Vesper noch frisch gezapft aus der nächstgelegenen Wirtschaft, wie uns die eilig heimstrebende Frau am rechten Bildrand zeigt.

63 Die Tiroler Weinstube zum Andreas Hofer von Franz Zadra wurde 1913 an der Unteren-Breiten-Straße 13 eröffnet. Die geparkte Chaise steht direkt vor der Weinstube zum Husaren (Adlerstraße 42). Der Husaren wurde 1964 in die Obere-Breite-Straße 2 verlegt und die gesamte Häuserzeile 1968 abgebrochen.

64 ‘Im Blauen Rädle gibt es Wing (Wein), der Platz ist dort a bissle ring (gering).’
Im Volksmund wurde das Blaue Rädle in der Oberen-Breiten-Straße 28 jedoch zum Blauen Affen genannt, weil mit der Wirtschaft seit 1906 der Kleinhandel mit Branntwein verbunden war.

65 Die obere Eisenbahnstraße um 1898. Die Manufakturwaren, Tuch- und Aussteuerartikel von Wörz und Heine waren hier konkurrenzlos, ebenso wie die im Jahr 1897 von Philipp Wegerer eröffnete Käsehandlung. Das Fuhrwerk fährt an der Fassade der Wirtschaft zum Pfauen vorbei zum Bahnhof.

66 Das aus dem Mittelalter stammende Unterstadthaus Eisenbahnstraße 2 beherbergte im 18. Jahrhundert eine Nagelschmiede. 1820 erwarb der Hufschmied Daniel Kirsinger das Haus, das bis zu seinem Abbruch im Jahr 1911 als Schmiede im Besitz der Familie blieb. Paul Bucher zur Räuberhöhle ließ 1911 einen Neubau erstellen, der die vom Marienplatz verlegte Gaststätte zum Hecht aufnahm. Die Eisenbahnstraße hieß vor der Eröffnung des Bahnhofs Postgässle, weil sich dort der Poststall befand.

67 'Zwiebelkuchen, Wein und Wecken gibt es bei dem Kehlenbecken.' Der Kehlenbäck in der Charlottenstraße war eine gern besuchte Wirtschaft. Schon 1789 saß ein Bäcker auf dem Haus, nach dem die obere Charlottenstraße 'Herzengässle' hieß. 1907 wurde das Haus im hier gezeigten Stil umgebaut, die Charlottenstraße wurde erst im Jahr 1933 gepflastert.

68 Die Grüner-Turm-Straße hieß bis 1938 Judengasse. Die Judenschule oder Synagoge im Haus Nummer 5 bestand allerdings nur bis zum Jahr 1429. Links betrieb Robert Eisele seit 1881 die Wirtschaft zur Promenade mit ihrem gemütlichen Biergarten. An seiner Stelle stand bis zum Brand im Jahr 1680 die evangelische Bierbrauerei Beck. 1748 war die Brandstätte längst Garten des Patriziers Johann Baptist Greppi.

69 In der sogenannten Zehntscheuer in der Grünen-Turm-Straße lagerten nie Abgaben an ein Kloster oder eine Herrschaft. Der Stadel wurde 1378 von Ravensburger Kaufleuten erbaut und vermutlich bis zum Jahr 1530 von der Großen Ravensburger Handelsgesellschaft als Lagerplatz benutzt. Seit dem 18. Jahrhundert teilten sich mehrere Ravensburger Wirte diese Scheuer.

70 Die Karlstraße um 1910. Sie war 1896 auf Initiative des Verschönerungsvereins mit Spazierwegen, Blumenrabatten und Springbrunnen zur Promenade ausgebaut worden. Ganz rechts ist der 1904 im Stil der Neorenaissance errichtete Neubau der Reichsbank zu sehen. Den Weg zum Bahnhof säumten Frauen mit Erfrischungs- und Verkaufsständen.

71 Mit der Anlegung der Promenade erhielt die Mauerstraße ein fast großstädtisches Flair. Deshalb eröffnete der Bäcker Wilhelm Arnegger im Jahr 1904 aufgrund der Nähe zum Bahnhof zu seiner Weinwirtschaft ein Café mit Konditorei, Billardsalon und Wintergarten. 1906 taufte der Wirt Alois Huberti sein Lokal in 'Huberti' um.

72 Die Olgastraße wurde in den 1880er Jahren nach Königin Olga von Württemberg (1822-1892) benannt. Auf dem zugeschütteten mittelalterlichen Wassergraben waren zwischen 1869 und 1871 die ersten Häuser entstanden, die sich vor allem gut situierte Handwerker außerhalb der mittelalterlichen Stadtmauern leisteten. Im Hintergrund ist das im Jahr 1904 abgebrochene Torwärterhaus für den Torwart des Untertors zu sehen.

73 Im Jahre 1844 wurde die Seestraße östlich der alten Römerstraße trassiert und mit dem Bau der Seevorstadt begonnen. Bis 1870 waren vierzehn neue Wohnhäuser vornehmlich für Handwerker entstanden. Im Anschluß daran baute eine wohlhabendere Schicht von Fabrikanten, Kaufleuten und höheren Beamten gründerzeitliche Villen im Stil des Historismus an die Seestraße, wie links am Beispiel der Villa Keppler-Pomer zu erkennen ist. Die einfachen, spätklassizistischen Handwerkerhäuser der Anfangsjahre sind im heutigen Straßenbild kaum mehr präsent.

74 Die Seestraße mit dem 1842 erbauten Oberamt, das bis zum Jahr 1964 der Sitz des Landratsamts war. Im Hintergrund ist das Dach des 1862 errichteten Bezirks-Polizei-Gefängnisses zu sehen, das sowohl eine Wohnung für den Gefangenenwärter als auch für den Landjäger bereithielt. Um 1900, als diese Aufnahme entstand, wurde der Veitsburghang noch als Rebhang genutzt.

75 Im Jahre 1846 eröffnete Benedikt Rittler aus Aichach an der neu angelegten Seestraße das Hotel zum Kronprinzen als First-Class-Hotel für vornehme Herrschaften mit Dienstpersonal. 1865 kehrte hier der König von Württemberg ein. Mit dem beginnenden Fremdenverkehr in die Schweiz erhielt der Kronprinz im Jahr 1898 den Namen Schweizerhof. Er existierte bis zum Jahr 1954.

76 Im Jahre 1820 erbaute Stadtbaumeister Tobias Knoblauch auf der ehemaligen Sandgrube an der Wilhelmstraße zwei neue Volksschulhäuser für insgesamt 1 600 Schüler. Links ist die katholische Mädchenschule und rechts die evangelische Mädchen- und Knabenschule mit zwei Eingängen zu sehen. Beide Schulhäuser wurden 1902-1904 aufgestockt.

77 Der Raueneggtorkel wurde 1896 für den Neubau des Konzerthauses abgebrochen. Er gehörte dem Spital und wurde 1823 mit einer Obstmostpresse ausgestattet. 1868 richtete die Stadt das städtische Eichamt darin ein. Im Mittelalter wurde der sogenannte Pfefferwein zur Pfeffertagsstiftung des Ital Humpis hier im Raueneggtorkel gekeltert.

78 Im Jahre 1882 reichte der mit Reben bepflanzte Raueneggöhenzug noch bis an das heutige Konzerthaus. 1905 war der seit dem Mittelalter als Kiesgrube benutzte Hang schon so weit abgetragen, daß man im selben Jahr dort das erste Elektrizitätswerk Ravensburgs erstellen konnte. 1934-1938 wurde dieser Teil an der Wilhelmstraße unter dem Namen Dietrich-Eckart-Anlage parkartig angelegt.

79 Der Graben am Schellenberger Turm wurde erst im Jahr 1881 verfüllt. 1886 erhielt das ursprünglich 'Schellenberger Straße' benannte Teilstück den Namen Wilhelmstraße.

80 In dem 1845 als Hafnerwerkstätte vor dem Obertor erbauten Gebäude Leonhardstraße 8 war um 1900 der Steinhauerbetrieb Josef Moosbrugger beheimatet. Seine kunstvollen Grabdenkmäler waren um die Jahrhundertwende eine Sehenswürdigkeit des Ravensburger Friedhofs.

81 Seit seiner Erbauung im Jahr 1843/44 hatte das Haus an der Holbeinstraße 2 die Schankgerechtigkeit inne. Der Krämer Josef Gerstmayer erlangte dann 1867 die Speisewirtschaftsgerechtigkeit. Seinen Namen erhielt die Wirtschaft im Ölschwang im Jahr 1870, als die deutschen Truppen im Deutsch-Französischen Krieg die Festung Belfort an der burgundischen Pforte einnahmen.

82 Der Benediktinerbräukeller der Brauerei Leibinger hatte seinen Namen von dem Posthalter Benedikt Birk, der die Brauerei im Jahr 1892 übernahm. Seit 1894 leitet die Familie Leibinger den Betrieb, der bereits im Jahr 1862 als Brauerei existierte.

83 Die Untere Papiermühle in Schornreute wurde um 1430 von den Papierern Wolfertshofer und Stengelin erbaut und brannte 1702 ab. 1853 wurde die Papiermühle stillgelegt und als Baumwollweberei weiterbetrieben. Seit 1952 stellte die Stickereifabrik Bartl hier mehr als 4 000 Spitzensorten her. Das ganze Areal mit dem 1910 erbauten Fabrikgebäude (am Schornstein) wurde 1994 abgebrochen.

84 In der Schankwirtschaft zur Frohen Aussicht in Albertshofen konnten sich Sonntagsspaziergänger mit Wein, Bier, Most und Schnaps laben. 1874 eröffnete der Rebmann Anton Lang die Schankwirtschaft, die mit einer Schankhütte und einer Kegelbahn ausgestattet war. Nachdem das gesamte Anwesen im Jahr 1903 abgebrannt war, wurde es im jetzigen Baustil wieder aufgebaut. Der Betrieb schloß 1942.

85 Die Papiermühle zum 'Oberen Hammer' in der Holbeinstraße 38 wurde 1393/94 von dem Ravensburger Patrizier, Fernhändler und Bürgermeister Conrad Wirt gegründet. Über die Papiermacherdynastie Herb ging der mittelalterliche Industriebetrieb 1741 an die Handelsfamilie Kutter über. 1829 richtete die Familie Spohn eine Abwergspinnerei darin ein. 1919-1940 fertigte Hermann Spohn hier Luxusautomobile der Marke Maybach.

86. Der einstige Rebleute-Weiler St. Christina wurde um 1350 vom Kloster Weißenau für die Klosterleibeigenen geschaffen, die die ausgedehnten Weinberge zu bearbeiten hatten. Vor dem Dreißigjährigen Krieg hatte St. Christina mit doppelt soviel Gebäuden fast einhundert Einwohner. Die vermutlich von Welf VI. um 1150 gestiftete Kirche und das 1592 neu erbaute Pfarrhaus thronen hoch über dem Schussental. Am unteren Bildrand ist ein exklusives Gartenhaus zu sehen.

87 Das 1420-1430 erbaute Rebleutehaus an der Banneggstraße 8 in St. Christina vermittelt einen Eindruck vom Aussehen des mittelalterlichen Weilers. Im Untergeschoß (geschlossene Läden) befand sich meist ein Geißenstall oder auch eine Weberdunke.

88 Der Roth- oder Bannneggtorkel in der Banneggstraße 53 stürzte 1980 ein und wurde daraufhin abgetragen. Er hatte seinen Namen von der Patrizierfamilie Roth von Schreckenstein, die hier wohl Reben besaß. Der neuzeitliche Name Sprinzentorkel rührt von dem Kaminfeger Josef Sprinz her, der den Torkel um die Jahrhundertwende besaß. 1909 wurde der Torkelbaum durch eine Mostpresse ersetzt und der Rebbau um 1914 schließlich aufgegeben. Seit 1920 dehnen sich hier Gartenanlagen aus.

89 Im Jahr 1839 wurde der Stadtgraben am Frauentor aufgefüllt und 1866 die Promenade an der heutigen Schussenstraße angelegt, wie sie auf dem Foto zu sehen ist. Im Jahr 1884 erfolgte noch einmal eine vollkommene Umgestaltung dieses Abschnitts mit Rasenanlagen und Blumenrabatten. 1908 wurde der Kreuzbrunnen, der damals mitten in der Fahrstraße stand, um fünf Meter gegen das Frauentor versetzt. Das Foto entstand um 1875.

90 Die 1973 abgebrochene Kuppelnauturnhalle präsentiert sich hier im Jahr 1925 für die Landwirtschaftliche Bezirksausstellung. Die nach Ulmer Vorbild im Jahr 1878 erbaute Turn- und Festhalle wurde für Theateraufführungen, Vorträge und Versammlungen benutzt. Der angebaute sogenannte Steigerturm diente dem Steigercorps der Feuerwehr um die Jahrhundertwende als Übungsobjekt.

91 Der Bärengarten wurde im Jahr 1825 von dem Bärenwirt Sebastian Schwarz gegründet und hieß anfangs daher 'Schwarzwald'. Er ist mit zweitausend Plätzen der größte Biergarten Ravensburgs und war um 1900 mit seinen zahlreichen Konzerten und italienischen Nächten ein kultureller Mittelpunkt der Stadt. Der Musikpavillon links wurde im Jahr 1907 erbaut.

92 Die Schwaltenmühle an der Meersburger Straße wurde im Jahr 1985 abgebrochen. Sie gehörte als Mahl- und Sägemühle seit 1375 zum Besitz des Spitals. Ihr Name rührt von dem Müller Oswald Götzger (1681-1733) her. Der Betrieb wurde 1953 eingestellt. Gegenüber befand sich der Alte Friedhof mit dem Beinhaus, das 1938 beseitigt wurde.

93 Ein romantischer Blick vom Pfannenstiel auf das Untertor um 1930. Die Hufschmiede Kirsinger (links) wurde 1825 von dem Schmied Josef Kirsinger nach einem Brand neu aufgebaut. Zuvor gehörte sie zum Spital, gelangte jedoch bereits 1780 in Privatbesitz. Im Hintergrund ist der Gasthof zum Goldenen Adler zu erkennen.

94 Die Sonne wurde 1870 von dem Löwenwirt Lorenz Bernhard in der Olgastraße 2 eröffnet und hatte an Markttagen von den Bauern des Umlands einen regen Zuspruch. Der Abbruch des Anwesens für den Neubau der Kreissparkasse erfolgte im Jahr 1974.

95 Gottfried Geiger, der wegen seines imposanten Aussehens 'Kaiser von Abessinien' genannt wurde, betrieb im Pfannenstiel um 1930 ein Leichentransportunternehmen. Der Leichenbestatter Hengge war im Jahr 1935 der erste, der für seine Beerdigungen ein motorisiertes Fahrzeug anschaffte, während die übrigen Unternehmen noch 1938 mit Pferdegespannen fuhren.

96 Die Seifenfabrik Kiderlen in der Möttelinstraße am Bahnhof wurde 1904 erbaut. Der Betrieb erlosch im Jahr 1957. Das alte Familienunternehmen war bereits 1766 von Balthasar Kiderlen in der Rosenstraße 2 gegründet worden und befand sich von 1859 bis zum Jahr 1903 in der Rathausstraße 3.

97 Am 24. Juni 1903 wurde der neue Schlachthof an der Ettishofer Straße eingeweiht. Er war mit seinem 14,50 Meter hohen Wasserturm, der insgesamt 9 000 Liter faßte, den Kühlanlagen, den maschinellen Hackmaschinen und den Badekabinetten für die Metzger der modernste Betrieb seiner Zeit. Für Stadtbaumeister Knoblauch (1845-1908) war dieser Bau die Krönung seiner städtebaulichen Karriere. Er erhielt dafür von König Wilhelm II. von Württemberg die Verdienstmedaille des Kronenordens.

98 Im Jahre 1862 wurde in Ravensburg ein Gaswerk errichtet, um 110 Gaslaternen auf öffentlichen Straßen und Plätzen beleuchten zu können. 1903 und 1908 erfolgten bedeutende Umbaumaßnahmen, die eine Tagesleistung von 6 000 Kubikmetern garantierten. 1913 wurden Weißenau und Weingartshof und 1916 Weingarten an das Ravensburger Gaswerk angeschlossen. Im Jahr 1970 stellte man die Stadtgaserzeugung ein.

99 Im Jahr 1905 hatten sieben Ravensburger Brauereien ihre Sommer-Bierkeller in der Höll. 1911 verlagerte Felix Bechter's Witwe ihre Bierbrauerei von der Roßstraße in die Höll. Im Bechter'schen Bräuhaus befand sich zuunterst der Maischbottich mit der Braupfanne, im zweiten Obergeschoß waren die Schrotmühle und der Vorwärmer, im dritten Obergeschoß die Silos und im Dach das Kühlschiff untergebracht. Berühmt war Bechter für sein 'Joseflesbier', das er am 19. März an alle Josef, Sepperl und Josefinen kostenlos ausschenkte.

100 Am 11. Dezember 1906 wurde das Evangelische Vereinshaus in der Weinbergstraße eingeweiht, das der Ravensburger Architekt Hermann Kiderlen im Stil des Neo-Biedermeier konzipiert hatte. In drei Sälen fanden insgesamt 350 Personen Platz. Hier hatten der evangelische Männerverein, der Gustav-Adolf-Frauenverein, der Jungfrauenverein, der Jünglingsverein und die Bibelgesellschaft eine Heimstatt.